BEI GRIN MACHT SICH IHR WISSEN BEZAHLT

- Wir veröffentlichen Ihre Hausarbeit,
  Bachelor- und Masterarbeit

- Ihr eigenes eBook und Buch -
  weltweit in allen wichtigen Shops

- Verdienen Sie an jedem Verkauf

Jetzt bei www.GRIN.com hochladen und kostenlos publizieren

Das Konzept der emotionalen Intelligenz. Gesundheitsrelevanter Faktor, Persönlichkeitsmerkmal und die Messbarkeit von Ängstlichkeit

Selina Kammer

Bibliografische Information der Deutschen Nationalbibliothek:

Die Deutsche Nationalbibliothek verzeichnet diese Publikation in der Deutschen Nationalbibliografie; detaillierte bibliografische Daten sind im Internet über http://dnb.d-nb.de abrufbar.

ISBN: 9783346341020
Dieses Buch ist auch als E-Book erhältlich.

© GRIN Publishing GmbH
Nymphenburger Straße 86
80636 München

Druck und Bindung: Books on Demand GmbH, Norderstedt Germany
Gedruckt auf säurefreiem Papier aus verantwortungsvollen Quellen

Das vorliegende Werk wurde sorgfältig erarbeitet. Dennoch übernehmen Autoren und Verlag für die Richtigkeit von Angaben, Hinweisen, Links und Ratschlägen sowie eventuelle Druckfehler keine Haftung.

Das Buch bei GRIN: https://www.grin.com/document/983691

EINSENDEAUFGABE

Persönlichkeitspsychologie –

Alternative C

Modulverantwortlicher Hochschullehrer:

2

Inhaltsverzeichnis

Abkürzungsverzeichnis

EI   Emotionale Intelligenz

z.B.   zum Beispiel

SSRI   Selective Serotonin Reuptake Inhibitor

1. Aufgabe C1

Im Unterkapitel 1.1 werden zunächst einmal die Begriffe Emotionale Intelligenz und kognitive Intelligenz voneinander abgegrenzt. Im nächsten Unterkapitel erfolgt dann eine Darstellung und Erklärung des Konzepts der Emotionalen Intelligenz nach Mayer und Salovey, wobei anschließen eine Diskussion im darauffolgenden Kapitel erfolgt, ob die Emotionale Intelligenz als gesundheitsrelevanter Faktor betrachtet werden kann.

1.1 EQ vs. IQ

„Emotionale Intelligenz". Ein Fachbegriff, der im Jahre 1990 durch den Psychologen John D. Mayer und den Sozialpsychologen Peter Salovey eingeführt wurde. Der Begriff basiert auf dem Konzept der Theorie der multiplen Intelligenzen von Howard Gardner und lässt sich auf den Kerngedanken von Edward Lee Thorndike zurückführen, welcher sagte: „Der beste Mechaniker einer Fabrik wird als Werksmeister scheitern, wenn ihm die soziale Intelligenz fehlt."(Goleman, 2006, S. 83) In diesem Zusammenhang sei auch Daniel Goleman erwähnt, der 1995 sein Buch „EQ. Emotionale Intelligenz" veröffentlichte, welches das Konstrukt der emotionalen Intelligenz in die populärwissenschaftliche Literatur brachte.[1]

Emotional intelligentes Verhalten bezieht sich laut Mayer und Salovey auf die Wahrnehmung und den Umgang mit den emotionalen Zuständen einer selbst und anderer Personen. Individuen mit einer höheren EI sind impulskontrolliert, können sich selbst motivieren und haben die Fähigkeit ihre eigenen Stimmungen zu regulieren.[2] Aufgrund der Selbstbeherrschung lassen Sie sich nicht von starken Emotionen wie Angst oder Wut leiten, weshalb diese Menschen meist erfolgreich in der Ehe, der Erziehung und dem Beruf sind.[3] Laut Neubauer und Freudenthaler (2002, S. 205-232) besteht ein weitgehender Konsens darüber, dass die Fähigkeit, sich in alltäglichen Lebenssituationen intelligent zu verhalten und soziale Anforderungen erfolgreich zu meistern, nur teilweise von der akademischen Intelligenz abhängt, die durch verschiedene IQ- Tests erfasst wird. May und Kullmann nach steht die emotionale Intelligenz als „Gegensatz zur Rationalen Intelligenz" (2009b, S. 93-94). Das Konzept der EI beschreibt demnach Fähigkeiten des Selbstmanagements, der Selbsterfahrung

---

[1] Vgl. Borsley/Kasten (2019), S. 47
[2] Vgl. May/Kullmann (2009a), S. 87
[3] Vgl. May/Kullmann (2009b), S. 85

und auch Fähigkeiten und Kompetenzen im Bezug auf den Umgang mit anderen Individuen. (May & Kullmann, 2009a, S. 86).

Doch inwiefern unterscheidet sich emotionale Intelligenz von der kognitiven Intelligenz? Wie definiert man „klassische" Intelligenz?

„Intelligenz ist das, was der Intelligenztest misst." (Boring,1923)

Neben dieser operationalen Definition lässt sich Intelligenz als „the mental abilities necesarry for adaptation to, as well as selection and shaping of, any environmental context" (Sternberg, 1997, S.1030) beschreiben, was inzwischen breite Zustimmung findet. Nach dieser Definition äußert sich Intelligenz vor allem durch Problemlösefähigkeiten, das effektive Nutzen von Erfahrung und Übung, abstraktes und logisches Denken sowie die generelle Lernfähigkeit.

Eine einheitliche Definition von Intelligenz zu finden ist deshalb so schwierig, da diese auf drei verschiedenen Analyseebenen beschrieben werden kann: als einheitliches Merkmal, als Eigenschaft die aus wenigen Komponenten zusammengesetzt ist und als Eigenschaft, die aus mehreren Komponenten zusammengesetzt ist.[4]

Spearmans Theorie (1927) nach besitzt jeder Mensch eine allgemeine Intelligenz, auch g- Faktor genannt. Intelligenz wird hierbei als einheitliche Persönlichkeitseigenschaft betrachtet, die alle kognitiven Funktionen beeinflusst. Demnach korrelieren die Leistungen fast aller geistigen Fähigkeiten positiv miteinander. Schneidet das Individuum bei einer intellektuellen Aufgabe gut ab, so kann der Erfolg im Allgemeinen auch auf andere Aufgaben übertragen werden.[5]

Cattels Theorie (1987) nach gibt es zwei Typen von Intelligenzen. Die flüssige und kristalline Intelligenz. Ersteres bezeichnet die Fähigkeit des spontanen Denkens, z.B. Schlussfolgerungen zu ziehen oder Beziehungen zwischen Konzepten zu verstehen. Die kristalline Intelligenz spiegelt das Langzeitgedächtnis wider und ist das Faktenwissen über die Welt.[6]

Betrachtet man die Intelligenz jedoch als vielschichtige Eigenschaft, so lassen sich eine Menge voneinander getrennter Prozesse erkennen. Beim Lösen von Tests oder alltäglichen Dingen wie Lesen, Rechnen und Schreiben lassen sich aufgrund einer Analyse der Inforationsbearbeitungsprozesse viele unterschiedliche Prozesse bestimmen, die daran beteiligt sind. Zu den Prozessen gehört das Erinnern,

---

[4] Vgl.Siegler et al. (2016), S. 277
[5] Vgl Myers (2014), S. 401
[6] Vgl. Siegler et al. (2016), S. 277- 278

Wahrnehmen, Verstehen, Aufmerksamkeit, Strategien, schlussfolgerndes Denken und Vieles mehr.[7]

1993 gelang es dem Psychologen J. B. Carroll ein Modell der Intelligenz zu kreieren, dass alle Analyseebenen berücksichtigt: Die Three-Stratum-Theorie der Intelligenz. In der Theorie findet man auf der obersten Ebene die allgemeine Intelligenz (g). Die darunter liegende Ebene beinhaltet acht breite Intelligenzfaktoren und darunter 69 spezifische Fähigkeiten, die den breiten Intelligenzfaktoren zugeordnet werden. Die Theorie verdeutlicht die Komplexität und gegenseitige Abhängigkeit aller intellektueller Fähigkeiten und stellt eine sinnvolle Verknüpfung verschiedener Intelligenzmodelle dar.[8]

Emotionale und kognitive Intelligenz sind demnach gut voneinander abzugrenzen. Während Intelligenz „[...] die globale Fähigkeit eines Individuums [ist], zweckvoll zu handeln, vernünftig zu denken und sich erfolgreich mit seiner Umwelt auseinanderzusetzen." (Wechsler, 1975, S.135-139), handelt es sich bei emotionaler Intelligenz und die „Fähigkeit, unsere eigenen Gefühle und die anderer zu erkennen, uns selbst zu motivieren und gut mit Emotionen in uns selbst und unseren Beziehungen umzugehen." (Goleman, 1998, S. 387)

1.2 Das ursprüngliche Konzept der emotionalen Intelligenz nach Mayer und Salovey (1990)

Mayer und Salovey gehen davon aus, dass Aufgaben aus dem alltäglichen Leben nicht nur kognitive Informationen enthalten, sondern auch affektive Informationen. Diese werden ebenso wie kognitive Informationen enkodiert und verarbeitet. Die Autoren äußerten die Vermutung, dass die Verarbeitung interpersonell verschieden geschieht und dass verschiedene Mechanismen die Basis für emotional intelligentes Verhalten sein könnten (Mayer & Salovey, 1993). Zu nennen wäre das Ausmaß an Emotionalität selbst, da sich Menschen hinsichtlich der Frequenz und dem Ausmaß ihrer Grundstimmungsschwankungen unterscheiden. Beides hat Auswirkungen auf die kognitiven Prozesse. Individuen unterscheiden sich hinsichtlich des emotionalen Informationsflusses. Die Emotionen werden nicht nur direkt erlebt, sondern von Gedanken über diese Emotionen begleitet, welche den Informationsfluss regulieren und kontrollieren (Mayer, Salovey, Gomberg-Kaufmann & Blainey, 1991). Dies können

[7] Vgl. Siegler et al. (2016), S. 278
[8] Vgl. Lohaus/Vierhaus (2019), S.153

sowohl restriktive Gedanken wie z.B. „Ich muss mich jetzt zusammenreißen" als auch offene Gedanken wie z.B. „finde es heraus" sein. Die offenen und emotionaleren Gedankenstrategien scheinen im Gegensatz zu den restriktiven Gedanken mit einem höheren Maß an Empathie verknüpft zu sein (Mayer et al., 1991). Auch neuronale Faktoren können die Funktion der emotionalen Intelligenz beeinflussen (Mayer & Salovey, 1993). Die Forschungsergebnisse führten Mayer und Salovey zu der Annahme, dass es sich hierbei um einen Fähigkeitsbereich handelt, der sich von der allgemeinen Intelligenz unterschiedet. Emotionale Intelligenz wird von Ihnen definiert als „the subset of social intelligence that involves the ability to monitor one`s own and other`s feelings and emotions, to discriminate among them and to use this information to guide one`s thinking and actions." (1990, S. 189) Emotionale Intelligenz ist sehr nah mit der intrapersonalen Intelligenz verbunden, welche dazu befähigt, eigene Gefühlszustände zu erkennen, zu unterscheiden und sie zu benutzen, um das eigene Verhalten zu steuern. Interpersonale Intelligenz beschreibt diese Fähigkeit spiegelbildlich für die Enkodierung, Verarbeitung und den Umgang mit den Gefühlen anderer Menschen (Siebert, 2006, S.8). Der Fokus liegt somit nicht auf der Wahrnehmung der Information oder dem Umgang mit dieser Information, sondern auf der Verarbeitung emotionaler Reize und Prozesse.

Emotionale Intelligenz wird nach Mayer und Salovey in drei Teilbereiche aufgeteilt: Erkennen und Ausdruck von Emotionen, Regulation von Emotionen und Nutzbarmachen von Emotionen.

1.2.1 Erkennen und Ausdruck von Emotionen

Ein wichtiger Aspekt der EI ist die korrekte Wahrnehmung der eigenen Emotionen und Affekte und der angemessene Ausdruck dieser Emotionen. Der Ausdruck der eigenen Gefühlswelt erfolgt häufig in verbaler (Sprache), als auch nonverbaler Art (Körpersprache), weshalb die Wahrnehmung und Interpretation der eigenen Gefühlswelt in gewissem Maße einem Prozess der reflexiven Metakognition gleicht. Neben der Verarbeitung der eigenen Gefühlswelt, spielen auch die Gefühle Anderer eine große Rolle. Diese korrekt wahrzunehmen und zu interpretieren bildet die Basis der EI. Insbesondere bei der Fähigkeit zur Wahrnehmung nonverbaler Emotionen Anderer gibt es große interindividuelle Unterschiede, da dies mit der Fähigkeit zum eigenen emotionalen Ausdruck zusammenhängt. [9] Empathie gilt demnach als Kernelement von emotional intelligentem Verhalten und setzt den Zugang zu den Emotionen Anderer und den Eigenen voraus. [10]

1.2.2 Regulation der Emotionen

Auch bei der Fähigkeit zur emotionalen Regulation nehmen Mayer und Salovey (1990) interindividuelle Unterschiede an. Bewusste Regulierung wird dann wichtig, wenn die Person die eigenen Gefühle als nicht situationsangemessen betrachtet. Diese Fähigkeit ist vor allem in sozialen Interaktionen wichtig. Prozesse bei der Regulation der eigenen Emotionen laufen sowohl bewusst als auch unbewusst ab, der emotionale Zustand jedoch lässt sich beeinflussen. Voraussetzung ist allerdings die korrekte Wahrnehmung und Unterscheidung dieser Emotionen. Die Regulation erfolgt auf unterschiedliche Weisen, z.B. durch bewusstes Ablenken der Aufmerksamkeit, Veränderung der kognitiven Bewertung, Beeinflussen der eigenen Stimmung oder auch das Vergleichen mit anderen Menschen. [11] Neben den Eigenen lassen sich auch die Emotionen Anderer regulieren.

1.2.3 Nutzbarmachen von Emotionen

Der letzte Bereich der EI ist das zielgerichtete Einsetzen von Emotionen zur Problemlösung, da sich Stimmungen auf verschiedene kognitive Prozesse auswirken (Salovey & Mayer, 1990). Folgende Bereiche gelten hierbei als relevant: flexibles Planen, kreatives Denken und stimmungsgelenkte Aufmerksamkeit und Motivation. Flexibles Planen beschreibt hierbei den Einfluss von Emotionen auf ein geplantes Vorhaben. Die Einschätzung zukünftiger Vorhaben unterliegt somit auch emotionaler Schwankungen, wobei der Erfolg einer Planung je nach Gefühlszustand positiver oder negativer eingeschätzt wird. Ein positiver Gemütszustand scheint sich auch positiv auf die kreative Lösung von Problemen auszuwirken. Auch die Aufmerksamkeit wird durch Emotionen beeinflusst, wobei eine erhöhte Aufmerksamkeit verbunden mit den Emotionen auch als Motivator fungieren kann. [12]

---

[9] Vgl. Mayer et al. (1990), S. 772-781
[10] Vgl. Mayer et al. (1991), S. 13
[11] Vgl Siebert (2006), S.13-14
[12] Vgl. Siebert (2006), S. 16-17

1.3 EI - Ein gesundheitsrelevanter Faktor?

Wütend sein kennt jeder. Wut ist ein bekanntes Konstrukt, das jeder hin und wieder mal erlebt. Hat man diese jedoch nicht ausreichend unter Kontrolle und ärgert man sich schon fast auf chronischer Weise, so kann dies zu physiologischen Auswirkungen, wie z.b. Gefäßverengungen oder erhöhtem Blutdruck, kommen welche wiederrum zu Herzinfarkten oder anderen chronischen Herzkrankheiten führen können (Franken, 2004, S. 120). Unsere Emotionen haben also nicht nur Einfluss auf unser Verhalten und unsere Entscheidungen, sondern auch auf unsere Gesundheit. Untersuchungen von Slaski und Cartwright zeigen, dass Personen mit einer hohen emotionalen Intelligenz Erlebnisse besser verarbeiten und tendenziell ein besseres Wohlbefinden aufweisen als Personen mit einer niedrigen emotionalen Intelligenz.[13] Des Weiteren besteht ein Zusammenhang zwischen emotionaler und kognitiver Intelligenz. Personen, die soziale Situationen besser einschätzen können, können auch ihre kognitive Intelligenz besser einsetzen.[14]

Emotional intelligente Personen, die einen guten Zugang zu ihren Emotionen haben und diese auch sinnvoll interpretieren und nutzen können, leben gesünder als Menschen mit einer niedrigen emotionalen Intelligenz. Negative Affektivität steht nach einigen wissenschaftlichen Belägen im Zusammenhang mit verstärkten körperlichen Beschwerden, da eine geringe emotionale Intelligenz verbunden mit negativer Affektivität und sozialen Hemmungen ein erhöhtes Gesundheitsrisiko darstellen, welches aufgrund des chronischen Stresses zu Herz- Kreislaufproblemen oder Magen- und Darmproblemen führen kann. Menschen mit geringer emotionaler Intelligenz fällt es nämlich tendenziell schwerer Stress wahrzunehmen und damit umzugehen.[15]

Menschen mit einer hohen emotionalen Intelligenz hingegen weisen eine bessere psychische und physische Gesundheit auf, da diese Stress besser wahrnehmen und aufgrund der Selbstwirksamkeitserwartung besser damit umgehen können. Die Stresssituation wird im Gegensatz zu weniger emotional intelligenten Menschen nicht als belastend, sondern als Herausforderung angesehen, was wiederum zu einer guten

---

[13] Vgl. Slaski/Catwright (2002)
[14] Vgl. José (2016), S. 44-45
[15] Vgl. Maltby et al. (2011), S. 771

Gesundheit beiträgt.[16] Laut Isen (2000) dient ein hohes Maß an Intelligenz nicht nur grundsätzlich der Leistungsfähigkeit und der Kreativität, sondern auch der kognitiven Flexibilität.[17]

Unter Anderem zeigt auch eine Studie von Downey, Mountstephen, Lloyd, Hansen und Stough (2008), dass sich emotional Intelligente Kinder in Fächern wie Mathematik, Kunst, Geografie und Naturwissenschaften leichter tun, weshalb gesagt werden kann, dass emotionale Intelligenz auch am Arbeitsplatz oder in der Schule von großem Vorteil ist.[18]

Zusammenfassend lässt sich also sagen, dass eine hohe emotionale Intelligenz mit einer guten Gesundheit einhergeht. Seine emotionale Intelligenz zu verbessern bringt also prinzipiell nur Vorteile mit sich. Fördernd sind unter Anderem Meditationen und anderen Übungen, die bei der Akzeptanz und der Steuerung von Gefühlen helfen.

2. Aufgabe C2

Zunächst wird im Unterkapitel 2.1 das Konzept der sozialen Unterstützung erläutert und im folgenden Kapitel darauf übertragen inwiefern soziale Unterstützung und Gesundheit zusammenhängen. In den darauffolgenden zwei Kapiteln wird soziale Unterstützung zunächst als Persönlichkeitsmerkmal analysiert und danach diskutiert inwieweit eine stabile Partnerschaft bei der Bewältigung einer chronischen Krankheit helfen kann.

2.1 Konzept der sozialen Unterstützung

„Social support is defined as the resources provided by other persons." (Cohen & Syme, 1985b, S. 4) Eine sehr allgemeine Definition sozialer Unterstützung. Soziale Unterstützung wird demnach als Ressource bezeichnet, die von anderen Personen geliefert wird, damit belastende Situationen von einem Individuum bewältigt werden können. Die Ressourcen können emotionaler, instrumenteller und informationeller Art sein.[19]

---

[16] Vgl. Maltby et al. (2011), S. 708-709
[17] Vgl. Salewski und Renner (2009), S. 146
[18] Vgl. Maltby et al. (2011), S. 709
[19] Vgl. Asendorf (2009), S. 131

Eine einheitliche Definition von sozialer Unterstützung zu finden, ist wie bei dem Begriff „Intelligenz" äußerst schwierig, da die Unterstützungs- und Netzwerkforschung mittlerweile ein Sammelkonzept darstellt, welches durch verschiedene Merkmale wie Inhalt, Quellen und Art von Unterstützung gekennzeichnet ist. Soziale Unterstützung stellt ein Teil des sozialen Netzwerkes dar und steht gleichzeitig damit in Wechselwirkung.[20]

Laireiter fasst die Grundideen verschiedener Definitionen zusammen wonach soziale Unterstützung aus sozialen Beziehungen und Interaktionen besteht, welche die grundlegenden Bedürfnisse eines Menschen nach Identität, Zuneigung, Sicherheit, Information und Rückhalt befriedigen, aus denen sie „Kraft und Stärke für ihre Lebensbewältigung schöpfen, sie damit ihr Befinden stabilisieren und ihre psychische und somatische Gesundheit aufrecht erhalten. (Laireiter, 2009, S.15)" Die Grundidee wird außerdem in vier Bereiche mit unterschiedlichen Bedeutungen eingeteilt: Soziale Unterstützung als Ressource, im Sinne von Informationen, als unterstützendes Verhalten und als Bedürfnisbefriedigung. Mithilfe dieser vier Bereiche generiert Laireiter eine umfassende Definition, die soziale Unterstützung als „ein komplexes System [beschreibt], dass [...] soziale Rahmenbedingungen, im Sinne von Personen [...], die las Ressource zur Verfügung stehen, beinhaltet, wie auch die soziale Interaktionen, in denen diese Ressourcen [...] vermittelt werden [...] wie auch soziale Wahrnehmungen, die [...] das Gefühl der Unterstütztheit generieren und zur Bedürfnisbefriedigung beitragen. (Laireiter, 2009, S. 63)"

2.2 Soziale Unterstützung als Gesundheitsfaktor

Bereits Mitte der 70er Jahre konnten unterschiedliche Studien beweisen, dass soziale Unterstützung hilft „Risiken [zu] vermeiden [...], dass Sie die Gesundheit fördert, Stress abpuffert, Belastungen bewältigen hilft und zur Wiedererlangung von Wohlbefinden beiträgt (House/Umberson/Landis 1988, Vaux 1988, Nestmann 1988, Röhrle 1994)."[21] Besonders der Zusammenhang zwischen Mortalität und sozialer Unterstützung stand bei vielen Untersuchungen im Fokus. Dass es eine Assoziation zwischen Mortalität und fehlendem sozialen Netzwerk gibt zeigen die Ergebnisse.

---

[20] Vgl. Hukeljic, (2010)
[21] Vgl. Nestmann/Stiehler (1998)

Des Weiteren zeigten Studien, die sich auf konkrete Erkrankungen beziehen, dass es ebenfalls eine Assoziation zwischen sozialer Unterstützung und dem Gesundheitszustand gibt, bezogen auf Krankheitsbilder wie grippaler Infekt [22], Hüftfraktur[23] oder Depressionen[24]. Seeman fasst zusammen, dass das Netzwerk sozialer Beziehungen dynamische und komplexe Systeme repräsentiert, die sich auf die Gesundheit auswirken.[25] Vor dem Hintergrund des korrelativen Zusammenhangs zwischen sozialer Unterstützung, Gesundheit und Wohlbefinden, stellt sich die Frage welche Rolle soziale Unterstützung in diesen Prozessen spielt. Nach Heller und Rook (2001) hat soziale Unterstützung in Bezug auf Gesundheit und Krankheit folgende fünf Funktionen:

1. Durch Aktivitäten, die zur Identifikation mit und Zugehörigkeit zu einer sozialen Gruppe führen, entsteht soziale Integration,

2. durch das erfolgreiche Ausfüllen einer Rolle und durch positive Bewertung von Mit- gliedern des sozialen Netzes entwickelt und stabilisiert sich das Selbstwert- und das Identitätsgefühl einer Person,

3. durch Aktivitäten im sozialen Kontakt, die Belastungen mindern und Wohlbefinden fördern, regulieren sich Affekte,

4. durch konkrete, praktische Hilfestellungen und durch die Förderung individueller Kompetenzen erfolgt Hilfe bei der Bewältigung konkreter Belastungen,

5. durch die soziale Einbindung und Regulation wird sozial akzeptiertes, erwünschtes und gesundheitsförderliches Verhalten gefördert.

Auch wenn der Wirkungsmechanismus von sozialer Unterstützung auf die Gesundheit bis heute unklar ist, gibt es verschiedene Theorien dazu: Seeman erklärt den Zusammenhang von Sozialer Unterstützung und Gesundheit dadurch, dass sich soziale Isolation und nicht unterstützende soziale Interaktionen (z.B. Betreuung eines Ehepartners, der schwer krank ist) in niedriger Immunabwehr und erhöhter neuroendokriner und kardiovaskulärer Aktivität auswirken, während sozial unterstützende Interaktionen das Gegenteil bewirken.[26] Eine ähnliche Annahme trifft Stansfeld, der verschiedene Leitungsbahnen dafür verantwortlich macht, dass innerer

---

[22] Vgl. Cohen et al. (1997), S. 1940-1944
[23] Vgl. Shyu et al. (2006), S. 501-506
[24] Vgl. Liang et al. (1999), S. 983-995
[25] Vgl. Seeman (1996), S. 442-451
[26] Vgl. Seeman (1996), S. 442-451

oder äußerer Stress (verursacht durch soziale Situationen) das Immunsystem und die neuroendokrinen Reaktionen des Körpers beeinflusst.[27]

2.3 Soziale Unterstützung als Persönlichkeitsmerkmal

Soziale Unterstützung kann neben einer sozialen Ressource auch als Persönlichkeitsmerkmal angesehen werden und stellt ein zentrales Konstrukt der Stressbewältigung und Gesundheitspsychologie dar. Hinsichtlich einer Metaanalyse von Connor- Smith und Flachsbart (2007) konnte gezeigt werden, dass Extraversion primär mit sozialer Unterstützung korreliert und darüber hinaus noch mit kognitiver Umstrukturierung und problemorientierter Bewältigung. Setzt man dies in Relation zur Definition von sozialer Unterstützung so kann man dies als Persönlichkeitsmerkmal ansehen, da Menschen mit diesem Merkmal Aspekte wie Extraversion, problemorientiertes Denken und eigene Ressourcen aufweisen um eine optimale Stressbewältigung zu garantieren. Belastende Situationen werden demnach besser erkannt und mithilfe der verfügbaren Ressourcen bewältigt. Aufgrund der optimalen Stressbewältigung sinken die Risiken psychischer und physischer Krankheiten, was wiederrum positive Affekte bewirkt. Manifestiert sich dieses Verhalten und die Methodik der Stressbewältigung, so kann bei dem Begriff soziale Unterstützung von einem Persönlichkeitsmerkmal gesprochen werden.

2.4 Bewältigung einer chronischen Krankheit durch eine stabile Partnerschaft

Die Diagnose einer chronischen Erkrankung wie z.B. multiple Sklerose verändert grundlegend den Lebensentwurf eines Individuums und seines Umfeldes. Der Alltag muss neu gestaltet werden und das Leben nimmt neue Formen an. Da eine Partnerschaft für jeden Menschen einen wesentlichen Bestandteil des Lebens darstellt, kann man von einer wechselseitigen Beeinflussung von Krankheit und Partnerbeziehung ausgehen. Besonders bei chronischen Erkrankungen trägt der Partner enorm zum Wohlbefinden der betroffenen Person bei. In Bezug auf Unterkapitel 2.2 gilt soziale und emotionale Unterstützung als entscheidender Faktor für eine erfolgreiche Krankheitsbewältigung, da diese psychisch und physisch negative Auswirkungen einer bedrohlichen Lebenssituation mildern können. Betrachtet man gegenteilig dazu eine instabile Beziehung, so lässt sich schnell erkennen, dass das

---

[27] Vgl. Stansfeld (1999)

Maß an sozialer und emotionaler Unterstützung rapide absinkt und in negativen Emotionen und Stress mündet, was wiederum zu gesundheitlichen Risiken führen kann. Eine stabile Partnerschaft trägt demnach im hohen Maße zur Bewältigung einer chronischen Krankheit bei, da der Partner den Erkrankten im Alltag sowohl physisch als auch psychisch unterstützt. Daraus resultiert, dass mögliche Stressoren kein erhöhtes Risiko mehr darstellen, der emotionale und alltägliche Stress abgepuffert wird und Belastungen gemeinsam bewältigt werden, was wiederum zu einem erhöhten Wohlbefinden in der Partnerbeziehung beiträgt.

3. Aufgabe C3

Im ersten Unterkapitel wird zunächst der Begriff Ängstlichkeit genauer definiert und die Messbarkeit von Angst erläutert. Im darauffolgenden Kapitel wird eine Zwangsstörung von einer zwanghaften Persönlichkeitsstörung abgegrenzt, wobei im letzten Kapitel mögliche Behandlungsmethoden einer zwanghaften Persönlichkeitsstörung thematisiert werden.

3.1 Ängstlichkeit

Ängstlichkeit lässt sich nach den Arbeiten von Charles Spielberger (1966) in der Unterscheidung zwischen Angst als Charaktereigenschaft (trait) und Angst als Zustandsbeschreibung (state) der Charaktereigenschaft zuordnen. Aufgrund des psychisch labilen Befindens tendieren ängstliche Menschen dazu schneller Unsicherheit zu verspüren, Angstempfindungen zu entwickeln und neigen dazu Situationen schneller als bedrohlich zu bewerten. Diese Bewertung führt im Weiteren dazu, dass auch die Zustandsangst ansteigt. Eine Person ist demnach ängstlich, wenn Sie einer Situation ausgesetzt ist, die mit ihrer Angstposition übereinstimmt und als Folge eine erhöhte Zustandsangst hervorruft. [28] Auch Raymond Catell (1965) unterscheidet zwischen der Zustandsangst und der Eigenschaftsangst, wobei er durch eine Faktorenanalyse einen Faktor zweiter Ordnung fand, welche Ängstlichkeit als Eigenschaftsangst repräsentiert. Neben dem Psychologen Eysenck stellt auch Asendorf (2009) eine Beziehung zwischen Ängstlichkeit und Neurotizismus her, wobei situationsspezifische Ängstlichkeit nicht nur eine Facette von Neurotizismus darstellt, sondern auch so stark mit dem Gesamtwert von Neurotizismus korreliert, dass

---

[28] Vgl. Becker (2014), S. 119

allgemeine Ängstlichkeit und Neurotizismus kaum voneinander unterschieden werden können.[29]

Die von Ängstlichkeit verursachte Befindlichkeit ist messbar. Der erste Persönlichkeitstest für die Messung von Ängstlichkeit ist die „Manifest Anxiety Scale" (MAS) und wurde 1953 von der Neo-Behavioristin Janet Taylor eingeführt. Das heute gebräuchlichere Test ist das „State-Trait Anxiety Inventory" (STAI) zur Messung von aktueller und habitueller Angst. Die deutschsprachige Version von 1981 (Laux et al. 1981) resultiert aus dem amerikanischen Verfahren von 1971 (Spielberger et al. 1970). Der Test trennt State und Trait voneinander und stellt mithilfe von zwei verschiedenen Fragebögen eine Beziehung zwischen Angst als Zustand und Angst als Eigenschaft her. Das Gesamtkonstrukt basiert auf zwei getrennten Fragebögen mit jeweils 20 Items und einer vierstufigen Antwortskala. Im Trait- Angst Teil sollen die Probanden angeben, wie sie sich im Allgemeinen fühlen. Im State- Angst Teil sollen sie ihren aktuellen Zustand beschreiben. Die Werte beider Skalen werden zusammengezählt und ergeben eine Gesamtpunktzahl im Bereich zwischen 80 und 100.[30]

3.2 Zwangsstörungen

Bereits Charles Darwin oder Martin Luther gehörten zu vielen prominenten Persönlichkeiten, die unter einer Zwangsstörung litten, wobei das Hauptmerkmal wiederkehrende Zwangsgedanken und Zwangshandlungen sind. Zwangsgedanken sind sich wiederholende und aufdringliche Gedanken, Impulse oder Bilder, welche ungewollt und intrusiv erlebt werden. Oftmals werden diese Gedanken von dem jeweiligen Individuum als abstoßend oder sinnlos wahrgenommen und sind schwer loszuwerden. Entsteht ein Zwangsgedanke, so ist dieser in der Regel mit Unwohlsein oder Angstzuständen verbunden, welche den Drang auslösen diesen Zwangsgedanken oder seine Konsequenzen zu neutralisieren. Das Neutralisieren dieser Gedanken verläuft meist in Form eines zwanghaften Verhaltens (z.B. exzessives Händewaschen oder Kontrollieren von Haushaltsgeräten). Unter Zwangshandlungen versteht man Verhaltensweisen oder auch mentale Handlungen, zu denen sich das Individuum wiederholt gezwungen fühlt und welche nach streng

---

[29] Vgl. Asendorf (2009), S. 70
[30] Vgl. Seifseit (2002), S. 3

festgelegten Regeln ausgeführt werden müssen. Die Folge draus ist ein kurz anhaltendes Gefühl der Erleichterung und die Überzeugung, dass es bei dem Unterlassen des Rituals zu einem Angstanstieg kommen würde. Das Neutralisieren kann auch in Form von dem absichtlichen Denken eines „guten" Gedanken erfolgen, welcher durch einen anhaltenden Zwangsgedanken hervorgerufen wird. Die manifestierten Rituale sind oftmals so zeitaufwendig, dass sie eine massive Beeinträchtigung im Leben der Betroffenen verursachen und auch bestimmte Rituale wie z.b. übermäßigen Händewaschen können körperliche Folgeschäden wie dauerhaft wund geriebene Haut verursachen. Nach dem psychologischen Modell von Rachman (1978) werden neutralisierende Verhaltensweisen in offene und verdeckte Zwangshandlungen unterschieden. Zwangsgedanken stellen somit unwillkürliche Gedanken, Vorstellungen und Impulse dar, die mit einem Angstanstieg korrelieren. Verdeckte oder offene Zwangshandlungen hingegen stellen ein willkürliches Verhalten des Erkrankten dar mit dem Ziel die Angst zu verringern. Des Weiteren ist ein weiteres Merkmal von Zwangsstörungen, dass Erkrankte ihre eigenen Gedanken und Handlungen im Sinne eines Zwangs oftmals selbst in gewisser Weise als sinnlos und übertrieben beurteilen.[31]

Nach DSM-IV-TR müssen entweder Zwangsgedanken oder Zwangshandlungen vorliegen, um eine Zwangsstörung diagnostizieren zu können. Dass die eigenen Gedanken oder Handlungen übertrieben sind, muss das Individuum zu einem gewissen Zeitpunkt der Störung erkannt haben. Außerdem müssen die Handlungen oder die Gedanken mindestens über eine Stunde am Tag des Individuums andauern.[32]

3.3 Zwanghafte Persönlichkeitsstörung

Die zwanghafte Persönlichkeitsstörung zeichnet sich durch Normen und Regeln aus, an die sich Erkrankte stets halten. Ihr Verhalten wirkt auf Andere eher kühl und distanziert und ist durch wenig Spontanität und Emotionalität gekennzeichnet. In Interaktionen mit anderen Personen wirkt das Verhalten der Erkrankten eher „gehemmt". Sie sind weder humorvoll noch begeisterungsfähig, was den Aufbau einer emotionalen Beziehung erheblich erschwert. Gesprächspartnern wird deshalb oftmals das Gefühl vermittelt, dass sie nicht wirklich gut mit ihrem Gesprächspartner in Kontakt

---

[31] Vgl. Salkovskis et al. (2018), S. 68
[32] Vgl. Salkovskis et al. (2018), S. 69

kommen. Des Weiteren sind die Erkrankten äußerst auf Details fokussiert und versuchen gerne das Verhalten von Anderen zu kotrollieren und Ihnen ihre Moralvorstellungen zu vermitteln. Sie haben eine genaue Vorstellung davon was richtig und was falsch ist, dementsprechend verhalten sie sich und erwarten von anderen Menschen, dass sich diese genauso verhalten. Auch der Arbeitsstil dieser Personen folgt einer detaillierten und klaren Struktur und deshalb wird auch von Anderen erwartet, dass ihre detaillierten Instruktionen genau befolgt werden wie z.B. beim Rasenmähen oder Küche putzen. Aufgrund der starken moralischen Prinzipien ist die zwanghafte Persönlichkeitsstörung durch ein tiefgreifendes Muster von Perfektion und Kontrollstreben auf Kosten von Flexibilität, Aufgeschlossenheit und Effizienz geprägt. Sie leben nach einem Ich-muss bzw. Ich-darf-nicht- Prinzip. Durch diese übermäßige Kontrolle vertiefen sie sich oftmals so sehr in Details, dass die eigentliche Arbeit nie zum Schluss kommt. Kontrolle bietet den Erkrankten die Sicherheit, da nur dann alles funktionieren kann, weshalb neue oder spontane Dinge wie Hobbys, Freizeit oder Treffen mit Freunden hingegen eher eine Stresssituation darstellen.[33]

Nach DSM-IV müssen mindestens vier der folgenden Kriterien zutreffen, um eine zwanghafte Persönlichkeitsstörung diagnostizieren zu können:

1. Die Betroffenen beschäftigen sich übermäßig mit Details, Regeln, Listen, Ordnung, Organisation oder Plänen, so dass der wesentliche Gesichtspunkt der Aktivität verloren geht.
2. Sie zeigen einen Perfektionismus, der die Erfüllung von Aufgaben behindert. So können sie zum Beispiel ein Vorhaben nicht beenden, weil sie die eigenen überstrengen Normen nicht erfüllen können.
3. Die verschreiben sich übermäßig der Arbeit und Produktivität und vernachlässigen Freizeitaktivitäten und Freundschaften. Dies ist nicht auf eine offensichtliche finanzielle Notwendigkeit zurückzuführen.
4. Sie sind bei Fragen der Moral, Ethik und Werte übermäßig gewissenhaft und streng. Dies ist nicht auf die kulturelle oder religiöse Orientierung zurückzuführen.
5. Sie sind nicht in der Lage, verschlissene oder wertlose Dinge wegzuwerfen, selbst wenn diese keinen Gefühlswert besitzen.
6. Sie delegieren Aufgaben nur widerwillig an andere oder arbeiten nur ungern mit anderen zusammen, wenn diese nicht genau ihre eigene Arbeitsweise übernehmen.
7. Sie sind sich selbst und anderen gegenüber geizig, weil sie glauben, Geld im Hinblick auf befürchtete künftige Katastrophen horten zu müssen.
8. Sie sind halsstarrig und beharren starr auf ihrer Meinung oder ihren Wertvorstellungen. (Sass et al., 2003)

---

[33] Vgl. Sachse/Kiszkenow-Bäker (2016), S. 124-125

Grenzt man nun eine Zwangsstörung von einer zwanghaften Persönlichkeitsstörung ab, so lässt sich erkennen, dass es deutliche Unterschiede bei beiden Störungen gibt. Bei den Symptomen einer zwanghaften Persönlichkeitsstörung handelt es sich um überdauernde, ich-syntone und pathologisch zugespitzte Persönlichkeitszüge im Gegensatz zu der als ich-dyston empfundenen, belastenden und einnehmenden Zwangssymptomatik. Ein weiterer Punkt ist, dass sich bei der zwanghaften Persönlichkeitsstörung keine Zwangsgedanken oder Zwangshandlungen finden lassen und auch kein Vermeidungsverhalten wie bei der Zwangsstörung auftritt. Die zwanghaften Züge bei einer Persönlichkeitsstörung stellen ein umfassendes Persönlichkeitsprofil dar während das Zwangsverhalten bei einer Zwangsstörung deutlich als ein von der Persönlichkeit unabhängiges Verhalten erkennbar ist. Personen, die an einer Zwangsstörung erkrankt sind, sind sich im Gegensatz zu Erkrankten der zwanghaften Persönlichkeitsstörung über ihr übertriebenes Verhalten bewusst, versuchen oftmals diese zu verbergen und sind in der Regel auch der änderungsmotiviert wohingegen Menschen mit der zwanghaften Persönlichkeitsstörung von der Richtigkeit ihres Verhaltens überzeugt sind und dies als Teil ihrer Persönlichkeit ansehen. Ein letzter aufzuführender Aspekt ist, dass Zwangsstörungen oft erst später im Laufe des Lebens entstehen und bei Betroffenen extremes Leiden hervorrufen. Die Symptome einer zwanghaften Persönlichkeitsstörung bestehen allerdings oftmals schon seit der Kindheit oder Jugend und sind tiefgreifender.[34]

3.4 Behandlungsmethoden der zwanghaften Persönlichkeitsstörung

In Bezug auf die Behandlungsmethoden der zwanghaften Persönlichkeitsstörung kann vorab gesagt werden, dass eine Therapie mit Psychopharmaka nicht sinnvoll erscheint. Da aber Cluster-C-Persönlichkeitsstörungen eine hohe Komorbidität mit depressiven Störungen aufweisen, wird demnach eine antidepressive Therapie mit SSRIs empfohlen, welche andauernde Angespanntheit, Besorgtheit und Gefühle der Hilflosigkeit und Abhängigkeit mindern sollen. Persönlichkeitsstörungen werden im Allgemeinen nicht pharmakologisch therapiert, da die Psychopharmaka nur auf bestimmte Problembereiche abzielen und versuchen diese Symptome zu reduzieren.[35] Menschen mit einer zwanghaften Persönlichkeitsstörung kommen meist

[34] Vgl. Sachse/Kiszkenow-Bäker (2016), S. 125
[35] Vgl. Romanos/Wewetzer (2009), S. 470-471

erst dann in eine Therapie wenn die Veränderungen in der Umwelt so gravierend sind, dass sie selbst nicht mehr zur Ruhe kommen und Ihnen eine Anpassung aufgrund der fehlenden Flexibilität nicht mehr gelingt. Die Folge davon sind Depressionen oder Angststörungen. Während bei einer Zwangsstörung die kognitive Verhaltenstherapie als effektivste Form der Therapie gilt, können bei der zwanghaften Persönlichkeitsstörung andere Therapieansätze fördernd sein. Der Fokus der Therapie liegt auf der Entwicklung von mehr Gefühlsorientiertheit, Spontanität und Risikobereitschaft, wodurch es schlussendlich auch zu einer Verbesserung der sozialen Kompetenz kommt. Der Patient soll seine bisherigen Lebenseinstellungen reflektieren und überdenken und versuchen sich auf neue Herangehensweisen einzulassen, um neue Perspektiven zu entwickeln. Der Patient soll außerdem erkennen, dass zwischenmenschliche Interaktionen auch ohne einem Festhalten an Regeln und Normen gelöst werden können und dass Genuss und Spaß zugelassen werden darf und auch einen wichtigen Teil des Lebens darstellt. Die kognitive Verhaltenstherapie stellt eine Behandlungsmethode dar, bei der dem Patienten eine klare Struktur und ein sachliches Vorgehen vorgegeben wird. Die rigiden Gedanken und Verhaltensweisen sollen bei dem Umgang mit Problemen von zielführenden Gedanken und Verhaltensweisen abgelöst werden. Die Erkrankten sollen außerdem lernen ihre eigenen Gefühle besser wahrzunehmen um ihr Handeln danach ausrichten zu können. Das Ziel der Therapie liegt somit auf einer Veränderung des Denkens und der Unentschlossenheit, damit auch der Perfektionismus zunehmend hinterfragt wird und abnimmt. Eine weitere Behandlungsmethode ist die psychoanalytische und tiefenpsychologisch-fundierte Therapie, wobei auch diese Therapie wieder eine klare Struktur aufweist und sich auf Themen in der Gegenwart bezieht. Dem Patienten werden nach und nach seine problematischen Verhaltensweisen und dessen Konsequenzen von dem Therapeuten vor Augen geführt. Das Ziel ist auch hierbei eine Überwindung der eigenen Unentschlossenheit, um die Lebensbedingungen zu ändern. Der Zugang zu den eigenen Gefühlen und auch das Hinterfragen von übernommenen oder auferlegten Normen aus der Kindheit spielt eine wichtige Rolle. [36] Zusammenfassend kann also gesagt werden, dass Patienten mit einer zwanghaften Persönlichkeitsstörung immer ein lösungsorientierter und systematischer Klärungsprozess geboten sein sollte, damit diese weiterhin das Gefühl haben die

---

[36] Vgl. Sachse/Kiszkenow-Bäker (2009), S. 130-136

Kontrolle erhalten zu können. Auch das Emotionalisieren sollte nur im geringen Maß erfolgen, da der Zugang zu den eigenen Gefühlen erst langsam erlangt wird.

Literaturverzeichnis

Asendorf, J., B. (2009). *Persönlichkeitspsychologie für Bachelor (1.* Aufl.). Heidelberg: Medizin Springer Verlag Heidelberg.

Becker, A. (2014). *Grundlagen der differentiellen und Persönlichkeitspsychologie* (1. Aufl.). Studienbrief der SRH Fernhochschule. Riedlingen.

Boring, E. G. (1923). *Intelligence as the test tests it.* In New Republic, (S. 35-37).

Borsley, I., & Kasten, E. (2018). *Emotionale Intelligenz* (1. Aufl.). Berlin: Springer.

Charles Spielberger (1966) *Anxiety and Behavior.* New York.

Cohen S., Doyle W., Skoner D., Rabin B., Gwaltney Jr. J. (1997). *Social ties and susceptibility to the common cold. Journal of the American Medical Association.* (S.1940-1944).

Connor-Smith, J. K., & Flachsbart, C. (2007). *Relations between personality and coping: A metaanalysis. Journal of Personality and Social Psychology.* 93, (S. 1080–1107).

Franken, S. (2004). *Verhaltensorientierte Führung* (1. Aufl.). Wiesbaden: Springer Gabler.

Downey, L. A., Mountstephen, J., Lloyd, J., Hansen, K., & Stough, C. (2008). *Emotional intelligence and scholastic achievement in Australian adolescents.* In Australian Journal of Psychology (S. 10–17).

Goleman, D. (1998). *Working with Emotional Intelligence.* Bantam Books.

Goleman, D. (2006). *Emotional intelligence.* Bantam Books.

Isen, A. M. (2008). *Some ways in which positive affect influences decision making and problem solving.* In Lewis, J. M. Haviland- Jones & L. F. Barrets. *Handbook of emotions.* The Guilford Press. (S. 548- 573).

Hukeljic L. (2010). *Die Kennzeichnung und Wirkung sozialer Netzwerke und sozialer Unterstützung im Alter. Eine Literaturanalyse.*

José, M. (2016). *Positive Psychologie und Achtsamkeit im Schulalltag* (1. Aufl.). Wiesbaden: Springer Fachmedien.

Laireiter A. (2009). *Soziales Netzwerk und Soziale Unterstützung.* In Lenz, K. & Nestmann, F. (Hrsg.). *Handbuch persönliche Beziehungen.* Weinheim. München: Juventa. (S. 15- 63).

Liang J, Bennett J.M., Krause N.M., Chang M, Lin H, Chuang Y.L., u. a. (1999). *Stress, Social Relations, and Old Age Mortality in Taiwan. Journal of Clinical Epidemiology.* (S.983-995).

Lohaus, A. & Vierhaus, M. (2019). *Entwicklungspsychologie des Kindes- und Jugendalters für Bachelor* (4. Aufl.). Berlin: Springer-Verlag Gmbh.

Maltby, J., Day, L. & Macaskill, A. (2011). *Differentielle Psychologie, Persönlichkeit und Intelligenz* (2. Aufl.). Pearson Studium.

May S. & Kullmann, J. (2009a). *Praxishandbuch Chefentlastung. Band* 2 (1. Aufl.), Wiesbaden: Gabler Verlag.

May, S. & Kullmann, J. (2009b). *Praxishandbuch Chefentlastung. Band* 2 (1. Aufl.). Wiesbaden: Gabler Verlag.

Mayer, J. D., & Salovey, P. (1990). *Emotional Intelligence.* In Imagination, Cognition and Personality. (S. 185- 211).

Mayer, J., DiPaolo, M. & Salovey, P. (1990). *Perceiving Affective Content in Ambiguous Visual Stimuli: A Component of Emotional Intelligence.* In Journal of Personality Assessment. (S. 772-781).

Mayer, J D., Salovey, P., Gomberg- Kaufmann, S. & Blainey, K. (1991). *A Broader Conception of Mood Experience.* In Journal of Personality and social Psychology.

Mayer, J. D. & Salovey, P. (1993). *The intelligence of emotional intelligence.* In Intelligence. Elsevier.

Myers, D. G. (2014). *Psychologie* (3. Aufl.) Berlin. Heidelberg: Springer Verlag Berlin Heidelberg.

Nestman F. & Stiehler G. (1998). *Wie allein sind Alleinerziehende?.* Opladen: Leske+Buderich.

Neubauer, A. C. & Freudenthaler, H. H. (2002). *Sind emotionale traits als Fähigkeiten messbar? Zeitschrift für Psychologie.* Hogrefe Verlag.

Raymond Cattell (1965). *The Scientific Analysis of Personality.*

Romanos, M. & Wewetzer, C. (2009). *Persönlichkeitsstörungen (F60, F61).* In Gerlach, M., Mehler- Wex, C., Walitza, S., Warnke, A. & Wewetzer, C. (Hrsg.). *Neuro-Psychopharmaka im Kindes- und Jugendalter* (S.470-471). Wien: Springer- Verlag Wien New York.

Sachse, R. & Kiszkenow-Bäker, S. (2016). Zwanghafte Persönlichkeitsstörung. In Schnell, T. (Hrsg.) Praxisbuch: Moderne Psychotherapie (S.124-136). Berlin Heidelberg: Springer Verlag Berlin Heidelberg.

Salkovskis,P., M., Ertle, A. & Kirk, K. (2018). *Zwangsstörungen.* In Margraf, J. & Schneider, S. (Hrsg.). *Lehrbuch der Verhaltenstherapie* (S.68-73). Berlin: Springer-Verlag.

Salweski, C. & Renner, B. (2009). *Differentielle und Persönlichkeitspsychologie* (1.Aufl.). München: Reinhardt Verlag.

Sass, H., Wittchen, H.-U, Zaudig & M., Houben, I. (2003). *Diagnostische Kriterien - DSM-IV-TR.* Göttingen: Hogrefe.

Shyu Y.L., Tang W., Tsai W., Liang J., Chen M. (2006). *Emotional support levels can predict physical functioning and health related quality of life among elderly Taiwanese with hip fractures.* Osteoporos Int. (S.501-506).

Seeman T.E. (1996). *Social ties and health: the benefits of social integration.* Ann Epidemiol. (S.442-451).

Seifseit, J. (2002). *Das deutschsprachige State-Trait Angst Inventar.* Zugriff am 6. August. 2020. Verfügbar unter: http://jan.seifseit.de/skripte/originale/Das%20deutschsprachige%20State-Trait%20Angst%20Inventar.pdf.

Siebert, K. (2006). *Zum Einfluss von Emotionaler Intelligenz auf die Übereinstimmung von Selbst- und Fremdeinschätzung in der Persönlichkeitsforschung.*

Siegler, R., Eisenberg, N., DeLoache, J. & Saffran, J. (2016). Entwicklungspsychologie im Kindes- und Jugendalter (4. Aufl.). Berlin, Heidelberg: Springer Verlag Berlin Heidelberg.

Slaski, M. & Cartwright, S. (2002). *Health, performance and emotional intelligence: An exploratory study of retail managers.* In Stress and Health: Journal of the International Society for the Investigation of Stress. (S. 63- 68).

Stansfeld S. (1999). *Social support and social cohesion.* In Marmot M. & Wilkiinson R, (Hrsg.) *Social Determinants of Health.* Oxford: Oxford University Press.

Sternberg, R. J. (1997). *The concept of intelligence and its role in lifelong learning and success.* In American Psychologist. (S. 1030- 1037).

Wechsler, D. (1975). *Intelligence defined and undefined: A relativistic appraisal.* In American Psychologist. (S. 135- 139).